M000096612

Este diario pertenece a:

....

Ninguna parte de esta publicación puede reproducirse o transmitirse de ninguna forma ni por ningún medio, ya sea electrónico o mecánico, incluidos, entre otros, grabaciones de audio, faxes, fotocopias o sistemas de almacenamiento y recuperación de información sin el permiso explícito por escrito del autor o editor.

Enero 2020

Domingo	Lunes	Martes	Miércoles
30	31	31	1
5	6	7	8
12	13	14	15
19	20	21	22
26	27	28	29
2	3	4	5

Notas

Jueves	Viernes	Sábado
2	3	4
9	10	11
16	17	18
23	24	25
30	31	1

66

Hazme saber, Jehová, mi fin, Y cuánta sea la medida de mis días; Sepa yo cuánto tengo de ser del mundo.

~ Salmos 39:4

99

Febrero 2020

Domingo	Lunes	Martes	Miércoles
6	27	28	29
2	3	4	5
9	10	11	12
16	17	18	19
23	24	25	26
1	2	3	4

Notas

Jueves	Viernes	Sábado
30	31	1
6	7	8
13	14	15
20	21	22
27	28	29

Haga resplandecer Jehová su rostro sobre ti, y haya de ti misericordia:

~ *Números 6:25*

Marzo 2020

Domingo	Lunes	Martes	Miércoles
1	2	3	4
8	9	10	11
15	16	17	18
22	23	24	25
29	30	31	1
5	6	7	8

Notas

Jueves	Viernes	Sábado
5	6	7
12	13	14
19	20	21
26	27	28
2	3	4

"
Allegaos á Dios, y él se allegará á vosotros. Pecadores, limpiad las manos; y vosotros de doblado ánimo, purificad los corazones.

~ *Santiago 4:8*
"

Abril 2020

Domingo	Lunes	Martes	Miércoles
29	30	31	1
5	6	7	8
12	13	14	15
19	20	21	22
26	27	28	29
3	4	5	6

Jueves	Viernes	Sábado
2	3	4
9	10	11
16	17	18
23	24	25
30	1	2

Notas

Amarás pues al Señor tu Dios de todo tu corazón, y de toda tu alma, y de toda tu mente, y de todas tus fuerzas; este es el principal mandamiento.

~ Marcos 12:30

Mayo 2020

Domingo	Lunes	Martes	Miércoles
26	27	28	29
3	4	5	6
10	11	12	13
17	18	19	20
24	25	26	27
31	1	2	3

Notas

Jueves	Viernes	Sábado
30	1	2
7	8	9
14	15	16
21	22	23
28	29	30

" Esperaré pues á Jehová, el cual escondió su rostro de la casa de Jacob, y á él aguardaré.

~ Isaías 8:17

Junio 2020

Domingo	Lunes	Martes	Miércoles
31	1	2	3
7	8	9	10
14	15	16	17
21	22	23	24
28	29	30	1
5	6	7	8

Jueves	Viernes	Sábado
4	5	6
11	12	13
18	19	20
25	26	27
2	3	4

Notas

_____
_____
_____
_____
_____
_____
_____
_____
_____
_____
_____
_____
_____
_____
_____
_____
_____
_____
_____
_____
_____
_____
_____
_____

> " Y si repartiese toda mi hacienda para dar de comer a pobres, y si entregase mi cuerpo para ser quemado, y no tengo caridad, de nada me sirve.
>
> *~ 1 Corintios 13:3* "

Julio 2020

Domingo	Lunes	Martes	Miércoles
28	29	30	1
5	6	7	8
12	13	14	15
19	20	21	22
26	27	28	29
2	3	4	5

Julio 2020

Notas

Jueves	Viernes	Sábado
2	3	4
9	10	11
16	17	18
23	24	25
30	31	1

"

Y la paz de Dios gobierne en vuestros corazones, á la cual asimismo sois llamados en un cuerpo; y sed agradecidos.

~ *Colosenses 3:15*

"

Agosto 2020

Domingo	Lunes	Martes	Miércoles
26	27	28	29
2	3	4	5
9	10	11	12
16	17	18	19
23	24	25	26
30	31	1	2

Agosto 2020

Agosto 2020

Jueves	Viernes	Sábado
30	31	1
6	7	8
13	14	15
20	21	22
27	28	29

Notas

"Antes siguiendo la verdad en amor, crezcamos en todas cosas en aquel que es la cabeza, a saber, Cristo;

~ *Efesios 4:15*

Septiembre 2020

Domingo	Lunes	Martes	Miércoles
30	31	1	2
6	7	8	9
13	14	15	16
20	21	22	23
27	28	29	30
4	5	6	7

Septiembre 2020

Jueves	Viernes	Sábado
3	4	5
10	11	12
17	18	19
24	25	26
1	2	3

Lo que aprendisteis y recibisteis y oísteis y visteis en mí, esto haced; y el Dios de paz será con vosotros.

~ Filipenses 4:9

Octubre 2020

Domingo	Lunes	Martes	Miércoles
27	28	29	30
4	5	6	7
11	12	13	14
18	19	20	21
25	26	27	28
1	2	3	4

Notas

Jueves	Viernes	Sábado
1	2	3
8	9	10
15	16	17
22	23	24
29	30	31

> Así que cada uno examine su obra, y entonces tendrá gloria sólo respecto de sí mismo, y no en otro.
>
> *~ Gálatas 6:4*

Noviembre 2020

Domingo	Lunes	Martes	Miércoles
1	2	3	4
8	9	10	11
15	16	17	18
22	23	24	25
29	30	1	2
6	7	8	9

Notas

Jueves	Viernes	Sábado
5	6	7
12	13	14
19	20	21
26	27	28
3	4	5

El alma liberal será engordada: Y el que saciare, él también será saciado.

~ *Proverbios 11:25*

Diciembre 2020

Domingo	Lunes	Martes	Miércoles
29	30	1	2
6	7	8	9
13	14	15	16
20	21	22	23
27	28	29	30
3	4	5	6

Jueves	Viernes	Sábado	Notas
3	4	5	
10	11	12	
17	18	19	
24	25	26	
31	1	2	

Oh Jehová, de mañana oirás mi voz; De mañana me presentaré á ti, y esperaré.

~ *Salmos 5:3*

Enero 2021

Domingo	Lunes	Martes	Miércoles
27	28	29	30
3	4	5	6
10	11	12	13
17	18	19	20
24	25	26	27
31	1	2	3

Notas

Jueves	Viernes	Sábado
31	1	2
7	8	9
14	15	16
21	22	23
28	29	30

" Porque yo sé los pensamientos que tengo acerca de vosotros, dice Jehová, pensamientos de paz, y no de mal, para daros el fin que esperáis.

~ Jeremías 29:11

"

Febrero 2021

Domingo	Lunes	Martes	Miércoles
31	1	2	3
7	8	9	10
14	15	16	17
21	22	23	24
28	1	2	3
7	8	9	10

Febrero 2021

Febrero 2021

Notas

Jueves	Viernes	Sábado
4	5	6
11	12	13
18	19	20
25	26	27
4	5	6

Sobre toda cosa guardada guarda tu corazón; Porque de él mana la vida.

~ *Proverbios 4:23*

Marzo 2021

Domingo	Lunes	Martes	Miércoles
28	1	2	3
7	8	9	10
14	15	16	17
21	22	23	24
28	29	30	31
4	5	6	7

Marzo 2021

Notas

Jueves	Viernes	Sábado
4	5	6
11	12	13
18	19	20
25	26	27
1	2	3

Mira que te mando que te esfuerces y seas valiente: no temas ni desmayes, porque Jehová tu Dios será contigo en donde quiera que fueres.

~ *Josué 1:9*

Abril 2021

Domingo	Lunes	Martes	Miércoles
28	29	30	31
4	5	6	7
11	12	13	14
18	19	20	21
25	26	27	28
2	3	4	5

Notas

Jueves	Viernes	Sábado
1	2	3
8	9	10
15	16	17
22	23	24
29	30	1

" Jehová te bendiga, y te guarde: Haga resplandecer
Jehová su rostro sobre ti, y haya de ti misericordia:
Jehová alce á ti su rostro, y ponga en ti paz.

~ *Números 6:24-26* "

Mayo 2021

Domingo	Lunes	Martes	Miércoles
25	26	27	28
2	3	4	5
9	10	11	12
16	17	18	19
23	24	25	26
30	31	1	2

Notas

Jueves	Viernes	Sábado
29	30	1
6	7	8
13	14	15
20	21	22
27	28	29

Tú pues alumbrarás mi lámpara: Jehová mi Dios alumbrará mis tinieblas.

~ *Salmos 18:28*

Junio 2021

Domingo	Lunes	Martes	Miércoles
30	31	1	2
6	7	8	9
13	14	15	16
20	21	22	23
27	28	29	30
4	5	6	7

Notas

Jueves	Viernes	Sábado
3	4	5
10	11	12
17	18	19
24	25	26
1	2	3

"

Como un agua se parece á otra, Así el corazón del hombre al otro.

~ *Proverbios 27:19*

"

Julio 2021

Domingo	Lunes	Martes	Miércoles
27	28	29	30
4	5	6	7
11	12	13	14
18	19	20	21
25	26	27	28
1	2	3	4

Notas

Jueves	Viernes	Sábado
1	2	3
8	9	10
15	16	17
22	23	24
29	30	31

" Y Jesús les dijo: Yo soy el pan de vida: el que á mí viene, nunca tendrá hambre; y el que en mí cree, no tendrá sed jamás.

~ *Juan 6:35*
"

Agosto 2021

Domingo	Lunes	Martes	Miércoles
1	2	3	4
8	9	10	11
15	16	17	18
22	23	24	25
29	30	31	1
5	6	7	8

Notas

Jueves	Viernes	Sábado
5	6	7
12	13	14
19	20	21
26	27	28
2	3	4

" Así que, no os congojéis por el día de mañana; que el día de mañana traerá su fatiga: basta al día su afán.

~ Mateo 6:34

"

Septiembre 2021

Domingo	Lunes	Martes	Miércoles
29	30	31	1
5	6	7	8
12	13	14	15
19	20	21	22
26	27	28	29
3	4	5	6

Notas

Jueves	Viernes	Sábado
2	3	4
9	10	11
16	17	18
23	24	25
30	1	2

" Y hablóles Jesús otra vez, diciendo: Yo soy la luz del mundo: el que me sigue, no andará en tinieblas, mas tendrá la lumbre de la vida.

~ Juan 8:12

Octubre 2021

Domingo	Lunes	Martes	Miércoles
26	27	28	29
3	4	5	6
10	11	12	13
17	18	19	20
24	25	26	27
31	1	2	3

Jueves	Viernes	Sábado
30	1	2
7	8	9
14	15	16
21	22	23
28	29	30

Notas

Todas las cosas me son lícitas, mas no todas convienen: todas las cosas me son lícitas, mas yo no me meteré debajo de potestad de nada.

~ 1 Corintios 6:12

Noviembre 2021

Domingo	Lunes	Martes	Miércoles
31	1	2	3
7	8	9	10
14	15	16	17
21	22	23	24
28	29	30	1
5	6	7	8

Notas

Jueves	Viernes	Sábado
4	5	6
11	12	13
18	19	20
25	26	27
2	3	4

Porque la intención de la carne es muerte; mas la
intención del espíritu, vida y paz:

~ Romanos 8:6

Diciembre 2021

Domingo	Lunes	Martes	Miércoles
28	29	30	1
5	6	7	8
12	13	14	15
19	20	21	22
26	27	28	29
2	3	4	5

Notas

Jueves	Viernes	Sábado
2	3	4
9	10	11
16	17	18
23	24	25
30	31	1

Todas vuestras cosas sean hechas con caridad.

~ *1 Corintios 16:14*

Enero 2022

Domingo	Lunes	Martes	Miércoles
26	27	28	29
2	3	4	5
9	10	11	12
16	17	18	19
23	24	25	26
30	31	1	2

Jueves	Viernes	Sábado
30	31	1
6	7	8
13	14	15
20	21	22
27	28	29

Notas

66

Hazme oir por la mañana tu misericordia, Porque en ti
he confiado: Hazme saber el camino por donde ande,
Porque á ti he alzado mi alma

~ *Salmos 143:8*

99

Febrero 2022

Domingo	Lunes	Martes	Miércoles
3	31	1	2
6	7	8	9
13	14	15	16
20	21	22	23
27	28	1	2
6	7	8	9

Febrero 2022

Jueves	Viernes	Sábado
3	4	5
10	11	12
17	18	19
24	25	26
3	4	5

"

Y nosotros hemos conocido y creído el amor que Dios tiene para con nosotros. Dios es amor; y el que vive en amor, vive en Dios, y Dios en él.

~ 1 Juan 4:16

"

Marzo 2022

Domingo	Lunes	Martes	Miércoles
27	28	1	2
6	7	8	9
13	14	15	16
20	21	22	23
27	28	29	30
3	4	5	6

Marzo 2022

Notas

Jueves	Viernes	Sábado
3	4	5
10	11	12
17	18	19
24	25	26
31	1	2

Y ahora permanecen la fe, la esperanza, y la caridad,
estas tres: empero la mayor de ellas es la caridad.

~ *1 Corintios 13:13*

Abril 2022

Domingo	Lunes	Martes	Miércoles
27	28	29	30
3	4	5	6
10	11	12	13
17	18	19	20
24	25	26	27
1	2	3	4

Abril 2022

Jueves	Viernes	Sábado
31	1	2
7	8	9
14	15	16
21	22	23
28	29	30

Notas

"Ninguno vió jamás á Dios. Si nos amamos unos á otros, Dios está en nosotros, y su amor es perfecto en nosotros:

~ *1 Juan 4:12*

Mayo 2022

Domingo	Lunes	Martes	Miércoles
1	2	3	4
8	9	10	11
15	16	17	18
22	23	24	25
29	30	31	1
5	6	7	8

Notas

Jueves	Viernes	Sábado
5	6	7
12	13	14
19	20	21
26	27	28
2	3	4

"

El que no ama, no conoce á Dios; porque Dios es amor.

~ 1 Juan 4:8

"

Junio 2022

Domingo	Lunes	Martes	Miércoles
29	30	31	1
5	6	7	8
12	13	14	15
19	20	21	22
26	27	28	29
3	4	5	6

Notas

Jueves	Viernes	Sábado
2	3	4
9	10	11
16	17	18
23	24	25
30	1	2

"JEHOVA es mi luz y mi salvación: ¿de quién temeré?
Jehová es la fortaleza de mi vida: ¿de quién he de
atemorizarme?

~ *Salmos 27:1*

Julio 2022

Domingo	Lunes	Martes	Miércoles
26	27	28	29
3	4	5	6
10	11	12	13
17	18	19	20
24	25	26	27
31	1	2	3

Julio 2022

Notas

Jueves	Viernes	Sábado
30	1	2
7	8	9
14	15	16
21	22	23
28	29	30

Mejor es esperar en Jehová Que esperar en hombre.

~ Salmos 118:8

Agosto 2022

Domingo	Lunes	Martes	Miércoles
31	1	2	3
7	8	9	10
14	15	16	17
21	22	23	24
28	29	30	31
4	5	6	7

Agosto 2022

Notas

Jueves	Viernes	Sábado
4	5	6
11	12	13
18	19	20
25	26	27
1	2	3

"La paz os dejo, mi paz os doy: no como el mundo la da, yo os la doy. No se turbe vuestro corazón, ni tenga miedo.

~ Juan 14:27

Septiembre 2022

Domingo	Lunes	Martes	Miércoles
28	29	30	31
4	5	6	7
11	12	13	14
18	19	20	21
25	26	27	28
2	3	4	5

Septiembre 2022

Jueves	Viernes	Sábado
1	2	3
8	9	10
15	16	17
22	23	24
29	30	1

Notas

"

Porque la intención de la carne es muerte; mas la intención del espíritu, vida y paz:

~ Romanos 8:6

"

Octubre 2022

Domingo	Lunes	Martes	Miércoles
25	26	27	28
2	3	4	5
9	10	11	12
16	17	18	19
23	24	25	26
30	31	1	2

Jueves	Viernes	Sábado
29	30	1
6	7	8
13	14	15
20	21	22
27	28	29

Notas

Estad quietos, y conoced que yo soy Dios: Ensalzado he de ser entre las gentes, ensalzado seré en la tierra..

~ *Salmos 46:10*

Noviembre 2022

Domingo	Lunes	Martes	Miércoles
30	31	1	2
6	7	8	9
13	14	15	16
20	21	22	23
27	28	29	30
4	5	6	7

Notas

Jueves	Viernes	Sábado
3	4	5
10	11	12
17	18	19
24	25	26
1	2	3

"

Por lo cual, consolaos los unos á los otros, y edificaos los unos á los otros, así como lo hacéis.

~ 1 Tesalonicenses 5:11

"

Diciembre 2022

Domingo	Lunes	Martes	Miércoles
27	28	29	30
4	5	6	7
11	12	13	14
18	19	20	21
25	26	27	28
1	2	3	4

Diciembre 2022

Jueves	Viernes	Sábado
1	2	3
8	9	10
15	16	17
22	23	24
29	30	31

Notas

"Mira que te mando que te esfuerces y seas valiente: no temas ni desmayes, porque Jehová tu Dios será contigo en donde quiera que fueres.

~ *Josué 1:9*

2019 DE UN VISTAZO

ENERO

D	L	M	M	J	V	S
30	31	1	2	3	4	5
6	7	8	9	10	11	12
13	14	15	16	17	18	19
20	21	22	23	24	25	26
27	28	29	30	31	1	2
3	4	5	6	7	8	9

FEBRERO

D	L	M	M	J	V	S
27	28	29	30	31	1	2
3	4	5	6	7	8	9
10	11	12	13	14	15	16
17	18	19	20	21	22	23
24	25	26	27	28	1	2
3	4	5	6	7	8	9

MARZO

D	L	M	M	J	V	S
24	25	26	27	28	1	2
3	4	5	6	7	8	9
10	11	12	13	14	15	16
17	18	19	20	21	22	23
24	25	26	27	28	29	30
31	1	2	3	4	5	6

ABRIL

D	L	M	M	J	V	S
31	1	2	3	4	5	6
7	8	9	10	11	12	13
14	15	16	17	18	19	20
21	22	23	24	25	26	27
28	29	30	1	2	3	4
5	6	7	8	9	10	11

MAYO

D	L	M	M	J	V	S
28	29	30	1	2	3	4
5	6	7	8	9	10	11
12	13	14	15	16	17	18
19	20	21	22	23	24	25
26	27	28	29	30	31	1
2	3	4	5	6	7	8

JUNIO

D	L	M	M	J	V	S
26	27	28	29	30	31	1
2	3	4	5	6	7	8
9	10	11	12	13	14	15
16	17	18	19	20	21	22
23	24	25	26	27	28	29
30	1	2	3	4	5	6

NOTAS:

2019 DE UN VISTAZO

JULIO

D	L	M	M	J	V	S
30	1	2	3	4	5	6
7	8	9	10	11	12	13
14	15	16	17	18	19	20
21	22	23	24	25	26	27
28	29	30	31	1	2	3
4	5	6	7	8	9	10

AGOSTO

D	L	M	M	J	V	S
28	29	30	31	1	2	3
4	5	6	7	8	9	10
11	12	13	14	15	16	17
18	19	20	21	22	23	24
25	26	27	28	29	30	31
1	2	3	4	5	6	7

SEPTIEMBRE

D	L	M	M	J	V	S
1	2	3	4	5	6	7
8	9	10	11	12	13	14
15	16	17	18	19	20	21
22	23	24	25	26	27	28
29	30	1	2	3	4	5
6	7	8	9	10	11	12

OCTUBRE

D	L	M	M	J	V	S
29	30	1	2	3	4	5
6	7	8	9	10	11	12
13	14	15	16	17	18	19
20	21	22	23	24	25	26
27	28	29	30	31	1	2
3	4	5	6	7	8	9

NOVIEMBRE

D	L	M	M	J	V	S
27	28	29	30	31	1	2
3	4	5	6	7	8	9
10	11	12	13	14	15	16
17	18	19	20	21	22	23
24	25	26	27	28	29	30
1	2	3	4	5	6	7

DICIEMBRE

D	L	M	M	J	V	S
1	2	3	4	5	6	7
8	9	10	11	12	13	14
15	16	17	18	19	20	21
22	23	24	25	26	27	28
29	30	31	1	2	3	4
5	6	7	8	9	10	11

NOTAS:

2020 DE UN VISTAZO

ENERO

D	L	M	M	J	V	S
29	30	31	1	2	3	4
5	6	7	8	9	10	11
12	13	14	15	16	17	18
19	20	21	22	23	24	25
26	27	28	29	30	31	1
2	3	4	5	6	7	8

FEBRERO

D	L	M	M	J	V	S
26	27	28	29	30	31	1
2	3	4	5	6	7	8
9	10	11	12	13	14	15
16	17	18	19	20	21	22
23	24	25	26	27	28	29
1	2	3	4	5	6	7

MARZO

D	L	M	M	J	V	S
1	2	3	4	5	6	7
8	9	10	11	12	13	14
15	16	17	18	19	20	21
22	23	24	25	26	27	28
29	30	31	1	2	3	4
5	6	7	8	9	10	11

ABRIL

D	L	M	M	J	V	S
29	30	31	1	2	3	4
5	6	7	8	9	10	11
12	13	14	15	16	17	18
19	20	21	22	23	24	25
26	27	28	29	30	1	2
3	4	5	6	7	8	9

MAYO

D	L	M	M	J	V	S
26	27	28	29	30	1	2
3	4	5	6	7	8	9
10	11	12	13	14	15	16
17	18	19	20	21	22	23
24	25	26	27	28	29	30
31	1	2	3	4	5	6

JUNIO

D	L	M	M	J	V	S
31	1	2	3	4	5	6
7	8	9	10	11	12	13
14	15	16	17	18	19	20
21	22	23	24	25	26	27
28	29	30	1	2	3	4
5	6	7	8	9	10	11

NOTAS:

2020 DE UN VISTAZO

JULIO

D	L	M	M	J	V	S
28	29	30	1	2	3	4
5	6	7	8	9	10	11
12	13	14	15	16	17	18
19	20	21	22	23	24	25
26	27	28	29	30	31	1
2	3	4	5	6	7	8

AGOSTO

D	L	M	M	J	V	S
26	27	28	29	30	31	1
2	3	4	5	6	7	8
9	10	11	12	13	14	15
16	17	18	19	20	21	22
23	24	25	26	27	28	29
30	31	1	2	3	4	5

SEPTIEMBRE

D	L	M	M	J	V	S
30	31	1	2	3	4	5
6	7	8	9	10	11	12
13	14	15	16	17	18	19
20	21	22	23	24	25	26
27	28	29	30	1	2	3
4	5	6	7	8	9	10

OCTUBRE

D	L	M	M	J	V	S
27	28	29	30	1	2	3
4	5	6	7	8	9	10
11	12	13	14	15	16	17
18	19	20	21	22	23	24
25	26	27	28	29	30	31
1	2	3	4	5	6	7

NOVIEMBRE

D	L	M	M	J	V	S
1	2	3	4	5	6	7
8	9	10	11	12	13	14
15	16	17	18	19	20	21
22	23	24	25	26	27	28
29	30	1	2	3	4	5
6	7	8	9	10	11	12

DICIEMBRE

D	L	M	M	J	V	S
29	30	1	2	3	4	5
6	7	8	9	10	11	12
13	14	15	16	17	18	19
20	21	22	23	24	25	26
27	28	29	30	31	1	2
3	4	5	6	7	8	9

NOTAS:

2021 DE UN VISTAZO

ENERO

D	L	M	M	J	V	S
27	28	29	30	31	1	2
3	4	5	6	7	8	9
10	11	12	13	14	15	16
17	18	19	20	21	22	23
24	25	26	27	28	29	30
31	1	2	3	4	5	6

FEBRERO

D	L	M	M	J	V	S
31	1	2	3	4	5	6
7	8	9	10	11	12	13
14	15	16	17	18	19	20
21	22	23	24	25	26	27
28	1	2	3	4	5	6
7	8	9	10	11	12	13

MARZO

D	L	M	M	J	V	S
28	1	2	3	4	5	6
7	8	9	10	11	12	13
14	15	16	17	18	19	20
21	22	23	24	25	26	27
28	29	30	31	1	2	3
4	5	6	7	8	9	10

ABRIL

D	L	M	M	J	V	S
28	29	30	31	1	2	3
4	5	6	7	8	9	10
11	12	13	14	15	16	17
18	19	20	21	22	23	24
25	26	27	28	29	30	1
2	3	4	5	6	7	8

MAYO

D	L	M	M	J	V	S
25	26	27	28	29	30	1
2	3	4	5	6	7	8
9	10	11	12	13	14	15
16	17	18	19	20	21	22
23	24	25	26	27	28	29
30	31	1	2	3	4	5

JUNIO

D	L	M	M	J	V	S
30	31	1	2	3	4	5
6	7	8	9	10	11	12
13	14	15	16	17	18	19
20	21	22	23	24	25	26
27	28	29	30	1	2	3
4	5	6	7	8	9	10

NOTAS:

2021 DE UN VISTAZO

JULIO

D	L	M	M	J	V	S
27	28	29	30	1	2	3
4	5	6	7	8	9	10
11	12	13	14	15	16	17
18	19	20	21	22	23	24
25	26	27	28	29	30	31
1	2	3	4	5	6	7

AGOSTO

D	L	M	M	J	V	S
1	2	3	4	5	6	7
8	9	10	11	12	13	14
15	16	17	18	19	20	21
22	23	24	25	26	27	28
29	30	31	1	2	3	4
5	6	7	8	9	10	11

SEPTIEMBRE

D	L	M	M	J	V	S
29	30	31	1	2	3	4
5	6	7	8	9	10	11
12	13	14	15	16	17	18
19	20	21	22	23	24	25
26	27	28	29	30	1	2
3	4	5	6	7	8	9

OCTUBRE

D	L	M	M	J	V	S
26	27	28	29	30	1	2
3	4	5	6	7	8	9
10	11	12	13	14	15	16
17	18	19	20	21	22	23
24	25	26	27	28	29	30
31	1	2	3	4	5	6

NOVIEMBRE

D	L	M	M	J	V	S
31	1	2	3	4	5	6
7	8	9	10	11	12	13
14	15	16	17	18	19	20
21	22	23	24	25	26	27
28	29	30	1	2	3	4
5	6	7	8	9	10	11

DICIEMBRE

D	L	M	M	J	V	S
28	29	30	1	2	3	4
5	6	7	8	9	10	11
12	13	14	15	16	17	18
19	20	21	22	23	24	25
26	27	28	29	30	31	1
2	3	4	5	6	7	8

NOTAS:

2022 DE UN VISTAZO

ENERO

D	L	M	M	J	V	S
26	27	28	29	30	31	1
2	3	4	5	6	7	8
9	10	11	12	13	14	15
16	17	18	19	20	21	22
23	24	25	26	27	28	29
30	31	1	2	3	4	5

FEBRERO

D	L	M	M	J	V	S
30	31	1	2	3	4	5
6	7	8	9	10	11	12
13	14	15	16	17	18	19
20	21	22	23	24	25	26
27	28	1	2	3	4	5
6	7	8	9	25	26	

MARZO

D	L	M	M	J	V	S
27	28	1	2	3	4	5
6	7	8	9	10	11	12
13	14	15	16	17	18	19
20	21	22	23	24	25	26
27	28	29	30	31	1	2
3	4	5	6	7	8	9

ABRIL

D	L	M	M	J	V	S
27	28	29	30	31	1	2
3	4	5	6	7	8	9
10	11	12	13	14	15	16
17	18	19	20	21	22	23
24	25	26	27	28	29	30
1	2	3	4	5	6	7

MAYO

D	L	M	M	J	V	S
1	2	3	4	5	6	7
8	9	10	11	12	13	14
15	16	17	18	19	20	21
22	23	24	25	26	27	28
29	30	31	1	2	3	4
5	6	7	8	9	10	11

JUNIO

D	L	M	M	J	V	S
29	30	31	1	2	3	4
5	6	7	8	9	10	11
12	13	14	15	16	17	18
19	20	21	22	23	24	25
26	27	28	29	30	1	2
3	4	5	6	7	8	9

NOTAS:

2022 DE UN VISTAZO

JULIO

D	L	M	M	J	V	S
26	27	28	29	30	1	2
3	4	5	6	7	8	9
10	11	12	13	14	15	16
17	18	19	20	21	22	23
24	25	26	27	28	29	30
31	1	2	3	4	5	6

AGOSTO

D	L	M	M	J	V	S
31	1	2	3	4	5	6
7	8	9	10	11	12	13
14	15	16	17	18	19	20
21	22	23	24	25	26	27
28	29	30	31	1	2	3
4	5	6	7	8	9	10

SEPTIEMBRE

D	L	M	M	J	V	S
28	29	30	31	1	2	3
4	5	6	7	8	9	10
11	12	13	14	15	16	17
18	19	20	21	22	23	24
25	26	27	28	29	30	1
2	3	4	5	6	7	8

OCTUBRE

D	L	M	M	J	V	S
25	26	27	28	29	30	1
2	3	4	5	6	7	8
9	10	11	12	13	14	15
16	17	18	19	20	21	22
23	24	25	26	27	28	29
30	31	1	2	3	4	5

NOVIEMBRE

D	L	M	M	J	V	S
30	31	1	2	3	4	5
6	7	8	9	10	11	12
13	14	15	16	17	18	19
20	21	22	23	24	25	26
27	28	29	30	1	2	3
4	5	6	7	8	9	10

DICIEMBRE

D	L	M	M	J	V	S
27	28	29	30	1	2	3
4	5	6	7	8	9	10
11	12	13	14	15	16	17
18	19	20	21	22	23	24
25	26	27	28	29	30	31
1	2	3	4	5	6	7

NOTAS:

2023 DE UN VISTAZO

ENERO

D	L	M	M	J	V	S
1	2	3	4	5	6	7
8	9	10	11	12	13	14
15	16	17	18	19	20	21
22	23	24	25	26	27	28
29	30	31	1	2	3	4
5	6	7	8	9	10	11

FEBRERO

D	L	M	M	J	V	S
29	30	31	1	2	3	4
5	6	7	8	9	10	11
12	13	14	15	16	17	18
19	20	21	22	23	24	25
26	27	28	1	2	3	4
5	6	7	8	9	10	11

MARZO

D	L	M	M	J	V	S
26	27	28	1	2	3	4
5	6	7	8	9	10	11
12	13	14	15	16	17	18
19	20	21	22	23	24	25
26	27	28	29	30	31	1
2	3	4	5	6	7	8

ABRIL

D	L	M	M	J	V	S
26	27	28	29	30	31	1
2	3	4	5	6	7	8
9	10	11	12	13	14	15
16	17	18	19	20	21	22
23	24	25	26	27	28	29
30	1	2	3	4	5	6

MAYO

D	L	M	M	J	V	S
30	1	2	3	4	5	6
7	8	9	10	11	12	13
14	15	16	17	18	19	20
21	22	23	24	25	26	27
28	29	30	31	1	2	3
4	5	6	7	8	9	10

JUNIO

D	L	M	M	J	V	S
28	29	30	31	1	2	3
4	5	6	7	8	9	10
11	12	13	14	15	16	17
18	19	20	21	22	23	24
25	26	27	28	29	30	1
2	3	4	5	6	7	8

NOTAS:

2023 DE UN VISTAZO

JULIO

D	L	M	M	J	V	S
25	26	27	28	29	30	1
2	3	4	5	6	7	8
9	10	11	12	13	14	15
16	17	18	19	20	21	22
23	24	25	26	27	28	29
30	31	1	2	3	4	5

AGOSTO

D	L	M	M	J	V	S
30	31	1	2	3	4	5
6	7	8	9	10	11	12
13	14	15	16	17	18	19
20	21	22	23	24	25	26
27	28	29	30	31	1	2
3	4	5	6	7	8	9

SEPTIEMBRE

D	L	M	M	J	V	S
27	28	29	30	31	1	2
3	4	5	6	7	8	9
10	11	12	13	14	15	16
17	18	19	20	21	22	23
24	25	26	27	28	29	30
1	2	3	4	5	6	7

OCTUBRE

D	L	M	M	J	V	S
1	2	3	4	5	6	7
8	9	10	11	12	13	14
15	16	17	18	19	20	21
22	23	24	25	26	27	28
29	30	31	1	2	3	4
5	6	7	8	9	10	11

NOVIEMBRE

D	L	M	M	J	V	S
29	30	31	1	2	3	4
5	6	7	8	9	10	11
12	13	14	15	16	17	18
19	20	21	22	23	24	25
26	27	28	29	30	1	2
3	4	5	6	7	8	9

DICIEMBRE

D	L	M	M	J	V	S
26	27	28	29	30	1	2
3	4	5	6	7	8	9
10	11	12	13	14	15	16
17	18	19	20	21	22	23
24	25	26	27	28	29	30
31	1	2	3	4	5	6

NOTAS:

Notas

Notas

Notas

Notas

Notas

Notas

Notas

Notas

Notas

Notas

Notas

Notas

Notas

Notas

Notas